Neues Baby - neues Leben

Elfen hellfer

Verfasst von Lisa O. Engelhardt
Illustriert von R. W. Alley

SILBERSCHNUR VERLAG

ISBN: 978-3-89845-572-5

1. Auflage 2017

Satz: XPresentation, Güllesheim
Übersetzung: Sylvester Lohninger und Robert Jaroslawski
Druck: Finidr, s.r.o. Cesky Tesin

Verlag »Die Silberschnur« GmbH · Steinstr. 1 · 56593 Güllesheim
www.silberschnur.de · E-Mail: info@silberschnur.de

Vorwort

Herzlichen Glückwunsch zu Eurem neuen kleinen Bündel voller Segnungen! Niemand hätte Euch auf das Staunen und die Freude, die Ihr angesichts dieses Wunders des Lebens und der Liebe fühlt, vorbereiten können. Noch könnte Euch jemand auf die Erschöpfung, die Sorgen und den Umbruch in Eurem bisherigen Leben vorbereiten. Wie so viele frischgebackene Eltern könnt auch Ihr wohl zustimmen, dass dies "die beste und zugleich die schwierigste Zeit Eures Lebens" ist.

Wechsel ist an der Tagesordnung: Natürlich nicht nur Windel-Wechseln, sondern eine Veränderung Eures gesamten Lebens – Eure Rollen und Verantwortlichkeiten und Vorrangigkeiten, aber auch Eure Zeitplanung und Eure Beziehung miteinander.

Auch Euer Baby verändert sich recht schnell und entwickelt sich beinahe unmittelbar vor Euren Augen. Allzu bald werdet Ihr Euch wundern, wo diese kostbare "neu-geborene" Zeit mit Eurem Neugeborenen geblieben ist.

"Neues Baby – neues Leben" wird Euch helfen, das Beste aus dieser besonderen Zeit zu machen – und auch mit dem Schwierigsten dabei zurechtzukommen. Verfasst von einer Mutter mit drei Kindern ist dieser kleine Elfenhellfer-Band voller Einfühlung in die verwirrende, etwas durcheinanderbringende Erfahrung, ein neues Baby im Haus zu haben und bietet zugleich Tipps, wie Ihr für Euer Kleines wie auch für Euch selbst sorgen könnt. Möge es Euch helfen, die Geduld, die Anstrengungen zu ertragen zu finden, wie auch den Frieden dafür, diesen Winzling, der nicht lange ein Baby sein wird, zu genießen!

1.

Ein neues Baby ist ein Wunder der Liebe und des Lebens.
Herzlichen Glückwunsch zu diesem gesegneten Ereignis!

FRISCHES MÄDEL

2.

Gott hat Euch dazu berufen, diesem besonderen Baby Eltern zu sein, weil keine anderen Eltern das besser tun können als Ihr. Habt Vertrauen in Gott und in Euch selbst.

MAMA: A+
BABY: A+

3.

In dem Augenblick, in dem Du Dein neugeborenes Baby in den Armen hältst, wirst Du wissen, dass jeder Schmerz und jedwede Angst, die seiner Ankunft vorausgegangen sind, es wert waren.
Gib Dich Deiner jetzigen Freude ganz hin und genieße es!

SCHWESTER
MAMA: A+
BABY: A+

4.

Koste sie aus, die Gerüche und die Laute und wie sich Dein Baby anfühlt: Die puder-frische Süße, das Gurgeln und Girren, die samt-zarte Weichheit seiner Haut.
Nimm Dir Zeit, mit Deinem Baby einfach zusammen zu sein – es zu halten, es zu lieben.

TALK
PUDER

5.

Singe Deinem Baby etwas vor, wiege und schaukle es, sprich mit ihm, antworte auf seine Plauderlaute. Er oder sie wird in Körper, Geist und Seele gedeihen und von seinen frühesten Tagen an wissen, wie sehr es geliebt und geschätzt wird.

TALK
PUDER

6.

Ein neugeborenes Baby ist äußert abhängig von Euch. Es braucht von Euch Nahrung, Betreuung und Zuneigung.
Du wirst vielleicht über die starke Fürsorglichkeit und die tiefe Zärtlichkeit erstaunt sein, die das in Dir wachruft. Erlaube Deinen natürlichen, von Gott gegebenen Instinkten, Dir zu helfen, für Dein Kind liebevoll zu sorgen.

WILLKOMMEN
·BEI UNS·
BABY
TASCHE
WILLKOMMEN
ZUHAUSE
VIEL
GLÜCK
!

7.

Zu gleicher Zeit kann die Zerbrechlichkeit und Hilflosigkeit eines Neugeborenen Deine Verantwortung dafür, für es zu sorgen, etwas beängstigend erscheinen lassen. Vertraue darauf, dass Gott Euch geben wird, was Ihr braucht, dann, wenn Ihr es braucht, um dieses Euch anvertraute kleine Leben zu hegen und zu pflegen.

KOPF
ARM
FUSS
BABY PFLEGE für AN-FÄNGER

8.

Manche Eltern erfahren ihren mütterlichen oder väterlichen Instinkt nicht von Anfang an. Vergrößere nicht Deinen Stress, indem Du Dich unnötig sorgst oder Dir Vorwürfe machst. Mit der Zeit und etwas Übung wirst auch Du Dich ganz "natürlich" fühlen.

9.

Der Ankunft Eures Babys sind Monate der Vorbereitung und freudigen Erwartung vorangegangen. Es mag sein, dass Ihr Euch überglücklich oder überwältigt fühlt, ganz ekstatisch oder erschöpft. Alle diese Gefühle sind natürlich. Teile Deine Gefühle und Bedürfnisse mit Deinem Partner.

10.

Selbst wenn Du dieses Baby neun Monate lang in Deinem Schoß getragen hast, so ist es in Deiner Familie doch ein Neuankömmling, ein Fremder, mit dem Ihr vertraut werden müsst.
Lasst Euch Zeit, es kennenzulernen: sein Temperament und seinen Rhythmus, seine Vorlieben und seine Abneigungen.

11.

Von Anfang an wird Euer Baby
seine einzigartige Persönlichkeit
haben und sich von jedem andern
Kind unterscheiden.
Behandelt es als das Individuum,
das es ist, indem Ihr ihm die
besondere Fürsorge und Liebe gebt,
deren es bedarf. Erfreut Euch an
seiner Einzigartigkeit.

SPINAT
MUS
RBSEN
BRE

12.

Genehmige es Dir, dass sich das
ungespülte Geschirr stapelt, lasse
die Staubmäuse sich vermehren,
lasse den Haushalt los.
Bringe Dein gewohntes Leben zu
einem Halt - so dass Du Zeit hast,
mit Deinem Baby zu kuscheln.

13.

Dich um diese kleine Person zu kümmern, kann erschöpfend sein. Du bist vielleicht noch wund von der Entbindung, vom vielen Schlafmangel müde, von all der Aufregung ermattet.
Schlafe, wenn das Baby schläft.
Gönne Dir ein Nickerchen, wann immer Du kannst.

14.

Der beste Weg sicherzustellen,
dass Euer Baby ein gesundes und
glückliches ist: Sorgt dafür, dass Ihr
selbst gesunde und glückliche Eltern
seid.
Versucht den für Euch nötigen
täglichen Mindestbedarf an
vollwertigem, nahrhaftem Essen,
Schlaf (so viel wie möglich),
Bewegung, Gebet, Zärtlichkeit und
Umarmung, Entspannung und
Spaß zu bekommen.

15.

Obwohl Du es vielleicht nicht
glauben wirst, wenn Du Dich gerade
müde und missgestimmt fühlst, eines
Tages wirst Du diese "neu-geborene"
Zeit zurückwünschen.
Ergreife den Tag!
Umarme Dein Baby!

16.

Deine Familie macht zurzeit recht schnelle Veränderungen durch. Die Veränderungen, die in Deinem Baby von Tag zu Tag stattfinden, sind enorm.

Auch Ihr seid dabei, Euch zu verändern und zu wachsen – in Euren neuen Identitäten als Eltern dieses Kindes. Veränderung kann mit Stress einhergehen. Seid bei diesen Anpassungen geduldig und tolerant.

17.

Die Betreuung eines Babys kann zu einer Vollzeitbeschäftigung werden – für Mama und für Papa. Nimm Dir von Deiner Arbeit so viel wie möglich frei, so dass Ihr die Segnungen und Bürden dieser Zeit teilen könnt. Seid 24 Stunden am Tag ein Team, und – falls Ihr nicht das "Naheliegende" gewählt habt, Euer Baby auch in der Nacht bei Euch zu haben – geht sicher, dass Ihr Euch der drei fürsorglichsten Worte erinnert, die man mitten in der Nacht sagen kann: "Ich werde aufstehen!"

18.

Wenn Du noch ein anderes Kind hast, versuche, jeden Tag auch Zeit mit ihm alleine zu verbringen. Lasse ihn oder sie wissen, wie besonders er oder sie für Dich ist und immer für Dich sein wird und dass niemand anderes je seinen Platz einnehmen könnte.
Lasse Dir von Deinem älteren Kind bei Eurem Baby helfen, und dann vergesse nicht, es dafür zu loben.

K

19.

Wenn Freunde und Verwandte kommen und das Baby sehen möchten, lasst sie wissen, wann eine gute Zeit dafür wäre. Macht Euch keine großen Gedanken darüber, dass Ihr noch aufräumen, Euch zurechtmachen oder Eure Besucher unterhalten müsstet. Euer Baby ist der Star.

20.

Wenn ein ständiger Strom von Besuchern anfängt, Euch übermüdet oder eingeengt fühlen zu lassen, erkennt, wann es an der Zeit ist, auch einmal nein zu sagen. Verschiebt Besuche höflich und "versteckt Euch" ruhig für einen Tag: Schließt die Fensterläden, schaltet den Anrufbeantworter an, gönnt Euch eine Lieblingsbeschäftigung, die Euch so richtig wohl tut.

21.

Heiße Hilfe willkommen, wenn man sie Dir anbietet - einen vollen Topf zum Abendessen zu bringen, das Baby zu halten, während Du duschst oder ein Schläfchen hältst, abzustauben und staubzusaugen. Alle freuen sich an Deinem neuen Glück und wollen Dir helfen, damit zurechtzukommen!
Es braucht ein ganzes Dorf, um ein Baby großzuziehen.

22.

Es kann einem Schock gleichkommen, wenn man entdeckt, wie lange es braucht, um sich mit einem Baby ausgehfertig zu machen, wie viel Ausrüstung man dafür braucht, wie schwer es sein kann, alles, was man zu tun hat, auf den Rhythmus des Kindes abzustimmen.
Plant voraus, rechnet mit Verzögerungen und nehmt es einfach lockerer. Mit kleinen Babys kommen oft die bestdurchdachten Pläne vom Weg ab.

BABY

23.

Jeder liebt Babys. Genießt die Beachtung und Zuwendung von Freunden und Verwandten, das Lächeln und die Bemerkungen von Leuten überall, wo Ihr hinkommt. Reicht die Liebe rundherum weiter!

BABY

24.

Menschen bieten mitunter ungefragt Ratschläge an, wie man gut und richtig für ein Baby sorgt. Verstehe, dass solcher Rat mit bester Absicht angeboten wird, aber auch, dass Du das Recht hast, zu tun, was Du für Dein Baby und Dich für das Beste hältst.

BABY

25.

Babys gehen durch Entwicklungsphasen in einem – wie Dir später scheinen wird – blitzartigen Tempo. Wenn Dein Baby schlechter Laune ist, wiederholt Bauchschmerzen hat, zahnt oder mehrmals in der Nacht aufwacht, dann bedenke: Auch das wird vorübergehen. Befragt auf jeden Fall Euren Kinderarzt bei jedem hartnäckigen, anhaltenden Problem.

WACHSTUMS TAFEL
ALTER
ZÄHNE
FÜSSE
GRÖSSE
GEWIC
BABY

26.

Bei all den vielen Zeit und Energie einnehmenden Pflichten der Elternschaft kommt es allzu leicht dazu, dass Ihr Eure Beziehung als Paar vernachlässigt. Nehmt Euch Zeit, bloß für Euch zwei miteinander. Verabredet Euch - alleine. Freunde und Verwandte geben wunderbare und willige Babysitter ab. Wagt den vertrauensvollen Schritt und geht aus.

27.

Trefft Euch mit anderen Eltern,
um Geschichten über Eure Babys
auszutauschen, um Euch Luft zu
machen und ein wenig zu jammern,
und Probleme und Fortschritte zu
teilen.
Es ist gesund und ganz hilfreich,
von jenen Ermutigung und Rat zu
bekommen, die "schon dort waren",
und auch die eigene Weisheit
weiterzugeben.

ELTERN ABEND

28.

Frischgebackene Mütter fühlen sich manchmal entmutigt durch ihre körperliche Erscheinung – besonders wenn sie nicht gleich ihre vor-schwangerschaftliche Figur zurück erlangen.
Versuche Dich an einen Ernährungsplan und regelmäßige Bewegungsübungen zu halten und belohne Dich für jedes verlorene Kilo und jeden in Schwung und zu Spannkraft gebrachten Muskel.

29.

Viele erstmalige Eltern haben in den Wochen nach der Ankunft des Babys Stimmungsschwankungen. Wenn Dir das Betreuen Deine Babys aber völlig überwältigend zu sein scheint oder Du Dich in permanent niedergeschlagen oder extremen Gefühlen ausgesetzt fühlst, dann konsultiere einen Arzt.

DIPLOM
DOCTORIUS
MEDICINUS

30.

Wenn Du nach Deinem Mutterschafts- oder Vaterschaftsurlaub zur Arbeit zurückkehrst, magst Du das Gefühl haben, dass niemand so gut für Dein Kind sorgen kann wie Du und dass Du einen Teil Deiner selbst zurück lässt, wenn Du durch die Tür hinausgehst.
Du kannst davon ausgehen, dass Du eine Weile betrübt und besorgt sein wirst, aber Du sollst im Voraus wissen, dass das besser wird.

WILLKOMMEN ZURÜCK!
APRIL
ERSTER TAG DAHEIM
GRATULATIONEN ZU DEINEM BABY
* WILLKOMMEN ZURÜCK!

31.

Dein Baby wird in den kommenden Monaten viele "Zum-ersten-Mal" vollbringen: sein erstes Lächeln, den ersten Zahn, das erste Mal sich Herumdrehen, Krabbeln, Aufstehen und den großartigen ersten Schritt. Finde Vergnügen und Freude an jedem "Zum-ersten-Mal" und lasse Dein Kleines spüren, wie stolz Du bist.

32.

Bewahrt Euch Erinnerungen
an diese kostbare Zeit - mit
Fotos, Videos, Notizen, einem
Baby-Album.
Erinnerte Freude hält ewig.

PHOTOS

33.

Es ist erstaunlich, wie schnell kleine
Kinder ihren Kleidern entwachsen,
wie bald sie nicht mehr der Länge
nach auf Deinen Schoß passen.
Auch wenn es traurig sein kann,
Dein Baby größer werden zu sehen,
sei froh über diesen Fortschritt – es
ist ein Zeugnis Deiner guten Obhut –
und verstehe, dass er oder sie
niemals Deiner Liebe wird
entwachsen können.

34.

Ein Neugeborenes, ein kleines Kind,
stellt frühere Vorrangigkeiten in
Frage, während Du ein neues
Gespür für Sinn, Aufgabe und
Auftrag Deines Lebens erlangst.
Nimm Dir Zeit und schaffe Zeit –
für das, was wirklich zählt.

TINTE

35.

Eltern ziehen Kinder groß, aber Kinder ziehen auch die Eltern groß. Ein neugeborenes Kind wird Euch Tiefen von Zärtlichkeit, von Geduld und Selbstlosigkeit lehren, die Ihr niemals für möglich gehalten hättet. Gesteht Euch zu, zu lernen und zu wachsen.

36.

Dein Baby wird in Dir starkes Mitgefühl und tief empfundene Fürsorge für alle Kinder anregen. Danach wirst Du auf immer, wann immer ein Kind weint oder etwas dringend braucht, das Bedürfnis haben, darauf zu reagieren und zu antworten.
Lasst Elternschaft Euer Herz weit machen.

VERLORENE
ELTERN
FUNDSTELLE

BERG&TAL
BAHN

37.

Du wirst niemals wissen, wie viel Liebe Du zu fühlen imstande bist, bis Du ein Baby hast. Dieses Kind wird mit unglaublicher Kraft Deinen Finger und Dein Herz ergreifen – und Dein Leben wird nie mehr wieder dasselbe sein. Dankt Gott jeden Tag für das Geschenk Eures neu geborenen Kindes.

SCHILD-
KRÖTODROM
KARTEN

38.

Möget Ihr für dieses Baby, das nicht lange ein Baby bleiben wird, die Geduld haben, alles zu ertragen und den Frieden, es voller Freude zu genießen.
Gott segne Euch und Euer neugeborenes Baby!

Die Geschichte der Elfenhellfer-"Elfen"

Die einnehmenden Gestalten aus der Elfenwelt, welche die "Elfenhellfer"-Publikationen des Silberschnur-Verlages bevölkern, erschienen erstmals 1987 auf den Seiten eines kleinen Selbsthilfe-Buches des Verlags One Caring Place, St. Meinrad, Indiana, das sich "Sei-gut-zu-Dir-Therapie" nannte.
Von den Mitarbeitern des amerikanischen Verlags liebevoll gestaltet und entworfen, erblickten die Elfenhellfer in der englischsprachigen Reihe "Elf-Help-Books" mit einem auf Deutsch nicht gänzlich wiederholbaren Wortspiel zwischen Elf-Help (Elfen-Hilfe) und Self-Help (Selbst-Hilfe) das Leben.
Dank der einfallsreichen Illustrationen von R. W. Alley erlangten die kleinen Wesen ihre endgültige Gestalt und lebten erstmals die sanften Ratschläge der Autorin Cherry Heartman (und später vieler weiterer Verfasser) mit Charme, Treffsicherheit und Humor vor.

So haben die "Elfenhellfer" begonnen, uns mit erhellenden Einsichten und Aussichten zu helfen, das Leben lichter und unmittelbarer zu sehen. Unter der Devise "Heller statt schneller" geben sie uns Hilfsmittel an die Hand und ans Herz, die sich als nahrhaft für das Gedeihen unseres eigentlichen Wesens und als wesentlich für unser Dasein erweisen. Daher auch der Name "Elfenhellfer", der zeigen soll, dass wir erhellende Gedanken und Hilfe durch die liebevollen Elfen erhalten. Sie bereichern uns mit Gefühlen und Hinweisen, die unseren seelischen Himmel aufklären können und die mit der warmen Weisheit und dem leuchtenden Gewahrsein unserer Herzen in wohltuende Resonanz treten.

Der Widerhall bei den Lesern war so enthusiastisch, dass bald schon mehr Elfenhellfer-Selbsthilfebücher auf dem Weg waren; eine immer noch wachsende Reihe, die auch eine Anzahl verwandter Geschenk-, Gespür- und Gedenk-Artikel – und inzwischen auch Elfenhelfer-Reihe für Kinder – inspirierte.

Dem überaus liebenswerten Charakter des kleinen männlichen Elfen der ersten Bücher, der mit Vergnügen seine Elfenmütze trägt, die von einer lebhaften, alle Stimmungsänderungen mitmachenden Kerze gekrönt ist, hat sich inzwischen ein beherztes weibliches Elfenwesen mit Blumen im Haar angeschlossen.
Diese zwei überschwänglichen, feinfühligen, findigen, warmherzigen und liebenswerten Geschöpfe – zusammen mit ihrer lebhaften Elfengemeinschaft aus kleinen und großen Elfen – berühren und enthüllen uns, was wirklich wichtig ist. Sie senden uns Botschaften von Freude und Verwunderung, von spielerischer Munterkeit und von Mitschöpfung, von Ganzheit und heiterer Gelassenheit – Botschaften vom Wunder des Lebens und vom Mysterium der göttlichen Liebe.

Die feinfühligen Elfen helfen uns, den oft schwierigen Alltag und die Anforderungen des modernen Lebens zu meistern, indem sie uns mit einer Prise zauberhafter Nostalgie dazu bewegen, auch einmal einen Gang zurückzuschalten, das Leben gelassener zu sehen und allem mit Ruhe und Bedacht zu begegnen. Mit verschmitzter Stimmigkeit, launiger Weisheit und großer Herzenswärme demonstrieren die zauberhaften Elfen mit den etwas längeren Nasen so den Elfenhellfer-Weg zu einem reichen und erfüllenden Leben.

Elfenhellfer je 5,90

Elfenhellfer

... und das Leben lächelt Dir zu!

Die beliebtesten Elfenhellfer:

Älter werden, weiser werden	ISBN 978-3-85466-031-6
Aus ganzer Seele leben	ISBN 978-3-85466-015-6
Beflügelt Lehrer sein	ISBN 978-3-85466-013-2
Bleib guten Mutes	ISBN 978-3-85466-003-3
Dankbar sein	ISBN 978-3-85466-022-4
Dein inneres Kind erinnern	ISBN 978-3-85466-001-9
Dem Stress heilsam begegnen	ISBN 978-3-89845-579-4
Elfenhellfer für vollbeschäftigte Mütter	ISBN 978-3-85466-018-7
Erlaube Dir zu vergeben	ISBN 978-3-89845-580-0
Feiere Dein Frausein	ISBN 978-3-85466-008-8
Loslassen im Annehmen	ISBN 978-3-85466-005-7
Sei gut zu deinem Körper	ISBN 978-3-89845-581-7
Sei gut zu deiner Ehe	ISBN 978-3-89845-577-0
Sei gut zu Dir	ISBN 978-3-85466-000-2
Sei liebevoll zu Dir	ISBN 978-3-85466-027-9
Sei sanft mit Deiner Wut	ISBN 978-3-85466-028-6
Vertraue Deiner Trauer	ISBN 978-3-85466-011-8
Wieder gesund werden	ISBN 978-3-85466-021-7

... weitere Elfenhellfer-Titel finden Sie unter www.silberschnur.de und bei Ihrem Buchhändler.

Seit vielen Jahren begleiten die liebenswerten Elfen aus der Buchreihe »Elfenhellfer« Menschen auf der ganzen Welt mit ihren einfachen wie einfühlsamen Ratschlägen auf ihrem Lebensweg.

Die Elfenhellfer bieten in unserer schnellen und medial überfüllten Welt eine erfrischende Form der Nostalgie und laden ein zu einer neuen Langsamkeit, die das Leben unglaublich bereichert. Unter der Devise »heller statt schneller« geben sie uns Mittel an die Hand und ans Herz, die uns zeigen, was wirklich wichtig ist und uns zu einem reichen und erfüllenden Leben verhelfen.

Die feinfühligen, findigen, warmherzigen und liebenswerten Elfen bieten Rat zu vielen Themen, die uns im alltäglichen Leben bewegen und bei denen wir Unterstützung und Rückhalt brauchen.

Ingrid Auer

Engelsymbole für Kinder

Liebevolle Begleitung im Alltag

Integrieren Sie die Engel in den Alltag Ihrer Familie!
Dieses Set aus 21 neuen Engelsymbolen, kindgerecht auf runde Karten gedruckt, und einem Buch hilft, die Sensitivität der Kinder zu fördern und unterstützt sie in ihrer Entwicklung. Es hilft aber auch Erwachsenen, ihr Herz den Engeln zu öffnen. Finden Sie als Erwachsener zurück zu dem natürlichen Zugang zur Engelwelt, den Kinder noch haben.
Mit diesem Set unterstützen Sie die spirituelle Weiterentwicklung Ihrer Kinder, denn Kinder lieben Engel – und Engel lieben Kinder. »Engelsymbole für Kinder« ist gleich doppelt verwendbar: Als gemeinsames »Spiel« für Erwachsene und Kinder und als »spirituelles Aufklärungsbuch« für Erwachsene.

21 runde Engelkarten, mit Buch, 202 Seiten, brosch. in Box
ISBN 978-3-89845-065-2 · € [D] 25,90

Scott Alexander King

Krafttiere für Kinder

Ein Kind in unserer modernen Welt zu sein, ist manchmal schwierig, wenn man eine Entscheidung treffen muss, es einem nicht gut geht oder man traurig ist. Wie schön, wenn man dann einen Freund hat, mit dem man reden kann, der zuhört und hilft. Krafttiere sind diese liebevollen Freunde, die dich unterstützen, dir helfen und dich beraten. Schon die alten Kulturen wussten, dass wir mit den Tieren kommunizieren und von ihnen lernen können. Auch du kannst mit den Tieren sprechen, und dieses wunderschön illustrierte Kartenset hilft dir dabei, die Botschaften der Tiere zu verstehen. Wann immer du den Krafttieren deine Sorgen und Ängste mitteilst, werden sie dir Antwort auf deine Fragen geben, dir Kraft und Vertrauen spenden und dich auf deinem Weg durch das Leben begleiten.

45 runde, farbige Karten, Ø 10 cm
mit Begleitbuch, 160 Seiten, broschiert, in Box
ISBN 978-3-89845-363-9 · € [D] 18,90